Made in the USA
Middletown, DE
14 November 2020

23987010R00070